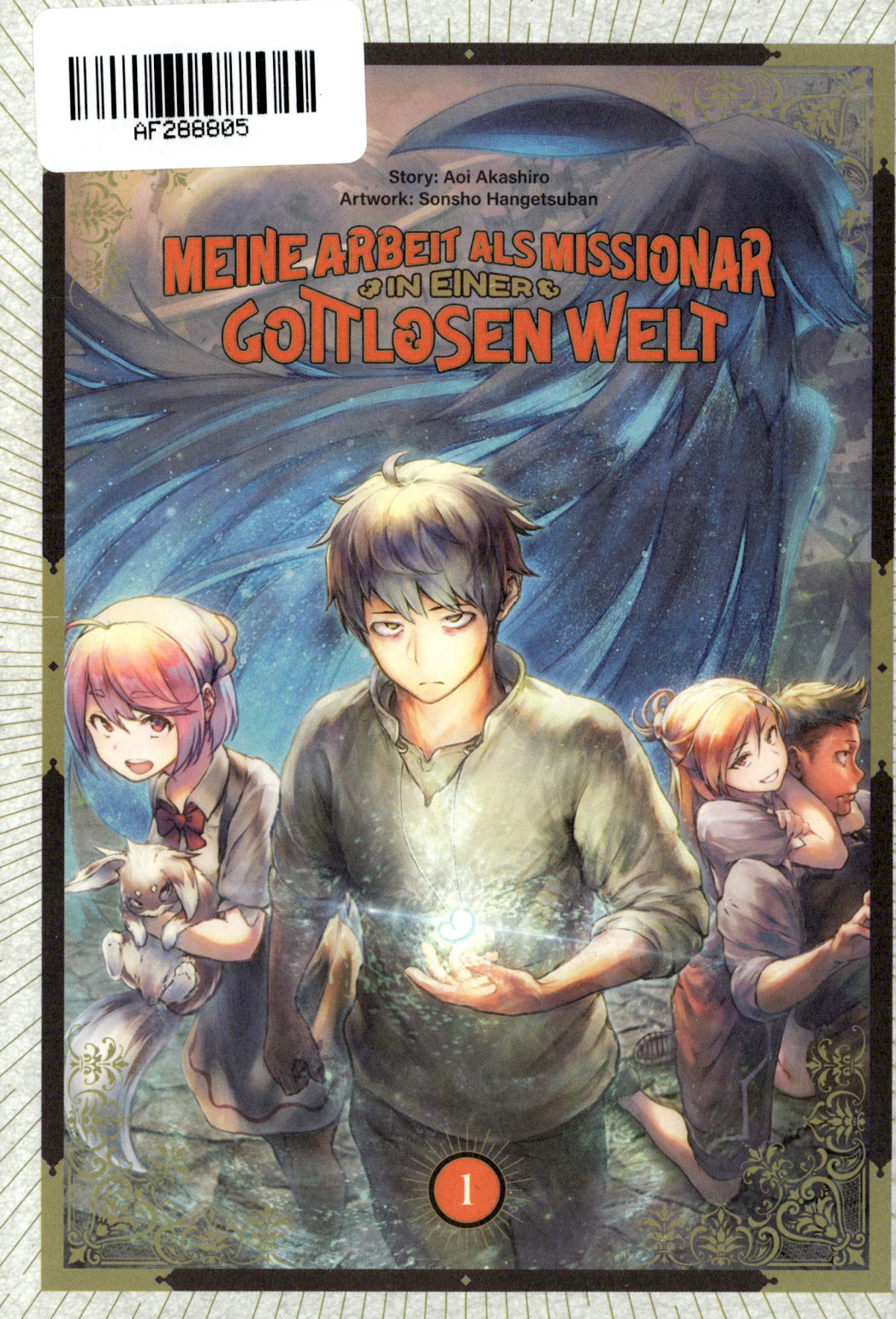

Story: Aoi Akashiro
Artwork: Sonsho Hangetsuban

MEINE ARBEIT ALS MISSIONAR
IN EINER
GOTTLOSEN WELT

1

1

INHALT

Die Neunheit von Heliopolis, die Sieben Glücksgötter des Shintoismus und andere ihrer Art.

Im Himmel wohnen die Götter und Göttinnen.

So pflegen es die himmlischen Götter. Die Erdgottheiten hingegen ...

Sie hören die Gebete der Menschen und reinigen sie von deren Sünde.

Kapitel 1 Wie ich in einer fremden Welt ein Pornoheft kaufen wollte

Oh einzige Göttin!

Splasch

Höre uns an!

Splasch

Tummel Tummel

Nun wird mein Sohn das »Ritual des Heiligen Schöpfungsgeistes« absolvieren.

Ehre Gott & Erde

Soichiro Urabe
Stifter der neu gegründeten »Religion zur Verehrung von Gott & Erde«

... und fortan als neuer spiritueller Führer unserer Glaubensgemeinschaft dienen!

... wird er den Tod überwinden ...

Suplasch

Drei Tage lang unter Wasser getaucht ...

Des-
halb wird
Mitama
dich auf
jeden Fall
retten.
Vize!
Grüß
Mitama
von
uns!
Nun denn,
Yukito.
Wir sehen
uns bald
wieder!
Schwupp
Gong
Gong
Gong

FWoooh
Das Hängen über Feuer läutert den Geist und lässt dich mit den Göttern in Kontakt treten.
Lass mich runter, du wahnsinniger alter Sack!
Hust
Knister
Knister
Hust Hust
Fwoooh
Hust
Hust
Oh, Große Mitama!
Er tut es schon wieder.
Echt unheimlich ...
Was, ernsthaft? Er ist in so einem schrägen Kult?
Wie abartig!
Ha ha ha ha!

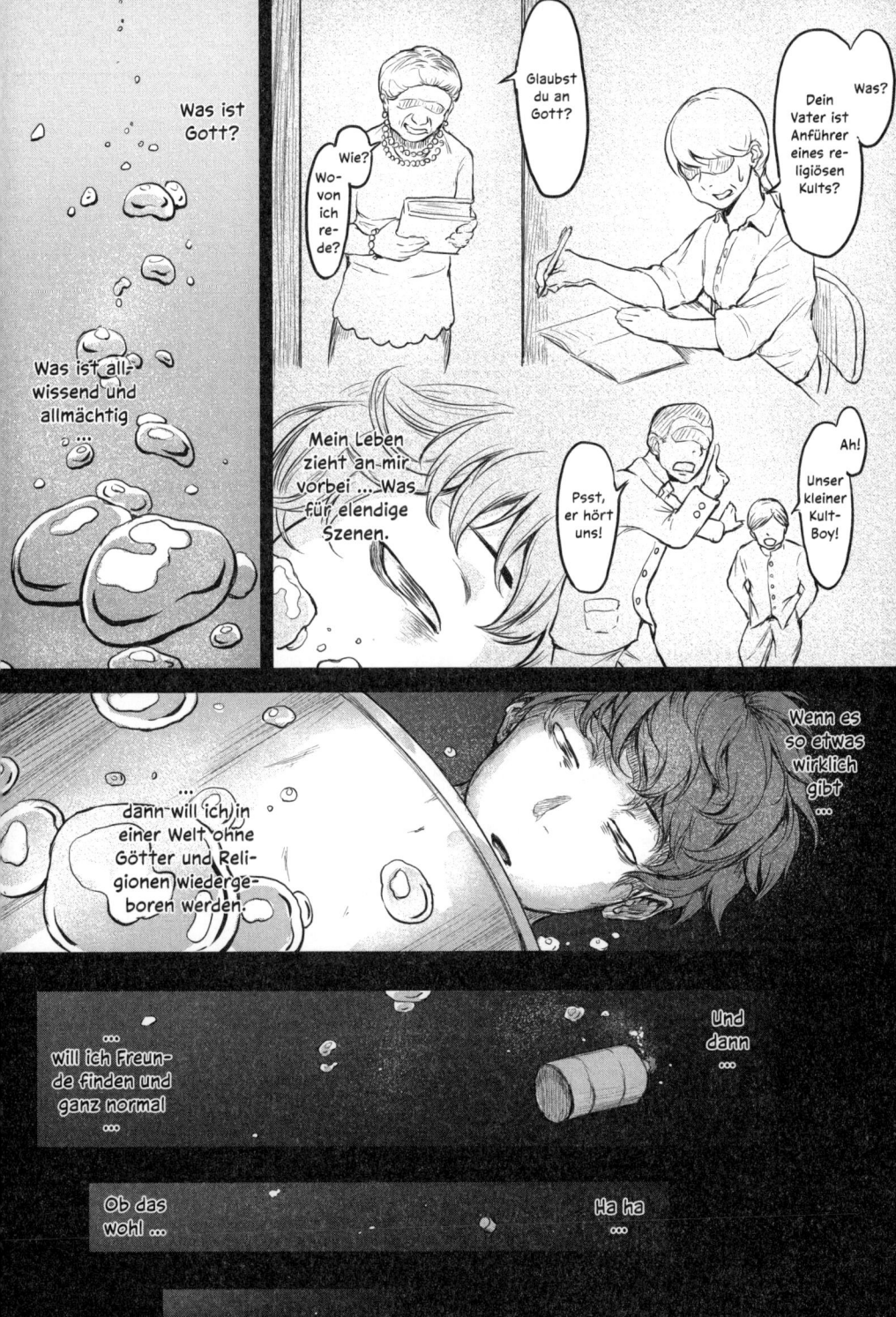

An meinen so verhassten Vater ...

Irgendwie hat es mich in eine dieser fremdartigen Welten verschlagen, die im Isekai-Genre so beliebt sind.

Ich bin's, dein Sohn, der in seinem vorherigen Leben ausgerechnet ...

... als Erbe eines Kultführers geboren werden musste.

Dafür bete ich sogar. Hier in dieser fremden Welt.

Jedenfalls hoffe ich, dass du wegen Mordes bereits hinter Gittern sitzt.

Dafür habe ich gute Freunde gefunden und bin sehr glücklich.

Leider habe ich aber keine dieser genretypischen überpowerten Fähigkeiten bekommen.

* In Japan ist das Brauen von Alkohol ohne entsprechende Genehmigung verboten!

In dieser Welt gibt es keine Magie, wie es sie sonst in Fantasy-welten gibt.

Auch Begriffe wie Gott, Religion oder Glauben gibt es hier nicht.

Für mich, der nie wieder etwas mit Göttern oder Religionen zu tun haben will, ist es die ideale Welt.

Übrigens, Yukito, was willst du heute zu Abend essen?

Na, sieh mal einer an ...

Grins

Grins

Grins

Fwasch

Wa...

Erstarr

Hä hä hä

Du hörst dich ja fast wie Yukitos Ehefrau an, Aru.

Sie haben mich aus dem Fluss gefischt, als ich angespült wurde.

platsch

Mein Vater hat immer gesagt, das sei ein Talisman für uns Gläubige, aber in Wahrheit ist es nur billiger Schrott aus irgendeinem Souvenirladen.

Das Einzige, was ich bei meiner Ankunft bei mir hatte, war dieser krumme Anhänger.

Ich bin für alle hier nichts weiter als ein Mensch aus einem fremden Land.

864 Yen*
inkl. MwSt.

* Etwa 6 €.

Wovon redest du, Roy?

In diesem großspurigen Tonfall ...

... und über uns zwei kursieren schon viele Heldenlegenden!

Du bist erst einen Monat bei uns ...

Ach, Yukito!

Na ja, wie soll ich sagen ...

Warum denn?

Wenn's geht, sprich möglichst nicht mit den Leuten in der Stadt.

Unser Dorf ist etwas un- beliebt bei denen.

Holla, das ist der La- den!

»Unbe- liebt« ...?

Herzlich willkommen...

Da... Das ist es!

Ein Pornoheft aus einer anderen Welt!

»... und Nektar strömte aus den feuchten Blütenblättern gleich der Quelle der hingebungsvollen Liebe. ›Nicht doch, Ritter Alexander! Nicht hier! Die Goblins schauen uns zu!‹ — ›Na und? Sollen sie gaffen!‹«

Was da wohl drinsteht?

Schmoll Schmoll とぼ とぼ

Warum musste ausgerechnet eine Frau hinter der Theke stehen!

Och menno ...

Feigling.

Murmel ガヤ

Murmel ガヤ

Jetzt konnte ich es nicht kaufen.

Zuck ピタ

Warum stehen dort so viele Menschen?

Hm?

Murmel ガヤ

Das ist ein Aushang, wer ab-berufen wurde.

Murmel ガヤ

Ach das ...

Er also auch?

Murmel ガヤ

In diesem Land gibt es ein sogenanntes Exitussystem.

Wo du herkommst, war das bestimmt anders.

ハタン
Zuklapp

Ab-berufen?

Die Bewohner unseres Dorfes erhalten keine Exitusbefehle.

Bei uns ist das ein bisschen anders.

Von daher ...

... mach dir keinen Kopf!

Lass uns gehen!

O... Okay.

Hey, das sind doch ...

Wie können die es wagen, in die Haupt- stadt zu kommen!

Raun

Dreckiges Gesindel!

Raun

Je schneller das ganze Pack der »Isolierten« beseitigt wird, desto besser.

Arularu
Siruliru

Krah
Krah

Folgende Personen werden per Exitusbefehl abberufen:

Hm?

Raschel
Raschel

Ich werde dich nicht enttäuschen!

Halt! Hör mir zu!

Fatsch

Ich habe alles vorbereitet!

Bamm

Groh
Groh
Groh
Groh

Groh
Groh

In dem Buch, das ich gekauft habe, steht drin, dass sich Männer über so was freuen.

- 1 Stunde später -

Wusch

Es tut mir unendlich leid!

... dass ich in dieses Dorf geschickt wurde.

Ich habe es verdient ...

Depri

Erschöpft

Bist du endlich wieder zur Besinnung gekommen?

Das Buch galt nicht umsonst als »verboten«.

Dass ich zu so was Abnormalem in der Lage bin ...

Roy hat heute schon angedeutet, dass es unbeliebt ist.

Was hat es mit diesem Dorf auf sich?

Sag mal ...

Ein Sammelplatz für Ausgestoßene.

Dieses Dorf ist ein Isolierungslager.

...!

Dieses Brandmal ...

... ist das Zeichen für die verhassten Bewohner des Lagers.

Aber ...

Sirr

する

Was ...?!

Für die beiden ist heute dieser Tag gekommen.

Wir bekommen keinen Befehl, unser Leben selbst zu beenden. Wir werden eines Tages einfach getötet.

Tropf

Tropf

Wenn sie mitgenommen wurden, bedeutet das also ...

Ssssss

†

Warum sollte man?

Was ist falsch daran, Angst vorm Sterben zu haben?!

Es ist lediglich ein Phänomen, bei dem das eigene Leben zu Ende geht. Es gibt keinen Grund, sich davor zu fürchten.

Flüster

ヒソ

Der tickt nicht richtig.

ヒソ

Flüster

Wovon redet der?

Und die sind Angehörige des Kaiserreichs?

Der Exitus ist eine natürliche Pflicht!

Warum?

War ja klar, diese Abnormalen ...

Wertloses Gesindel. Beseitigt ihn!

Aber das stimmt nicht.

Ich dachte ...

Spirituell gesehen ist sie zu meiner alten ziemlich ähnlich.

... diese Welt wäre einfach nur etwas rückschrittlich.

Tsching

Warum

...

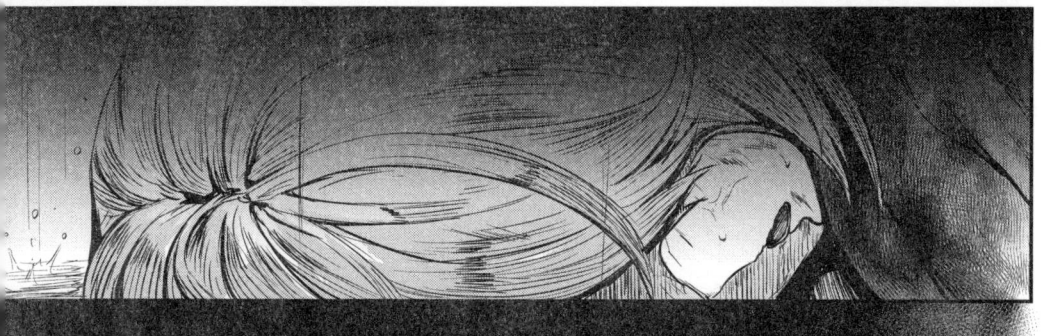

Warum

...

Die Große Mitama wird dich garantiert retten!

... noch ich müssen gerettet werden.

Weder mein verfluchter Vater ...

Sondern Menschen wie sie ...

... und freundlich zu anderen sind.

... die ein aufrichtiges Leben führen ...

Gute Menschen ...

... an ...

Rette sie ...

Hey ...

Göttin?

... Göttin ...

Hm?

Höre mich an ...

Rette sie!

... oh einzige Göttin!

Ich ... bitte ... dich ...

ピ゛ッ

し—
Keine

—ん..
Reaktion

Waah

Schüttel

A
a
a
a
a
a
a
h
!

Hey,
du!

Diese
Kraft
eben
...

Schüttel

Was ist
passiert,
während
ich weg
war?

Schüttel

ピッ
Zuck

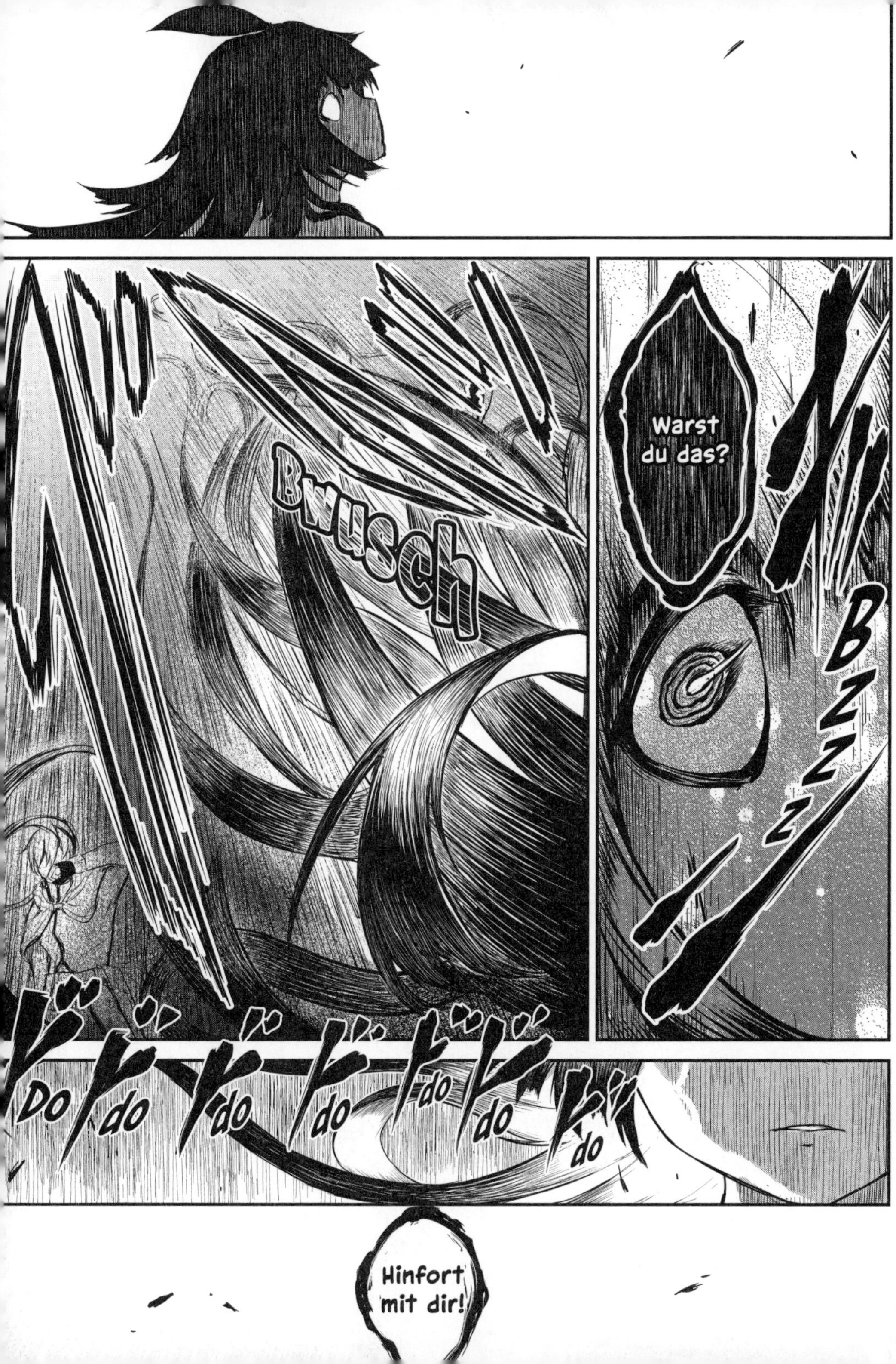

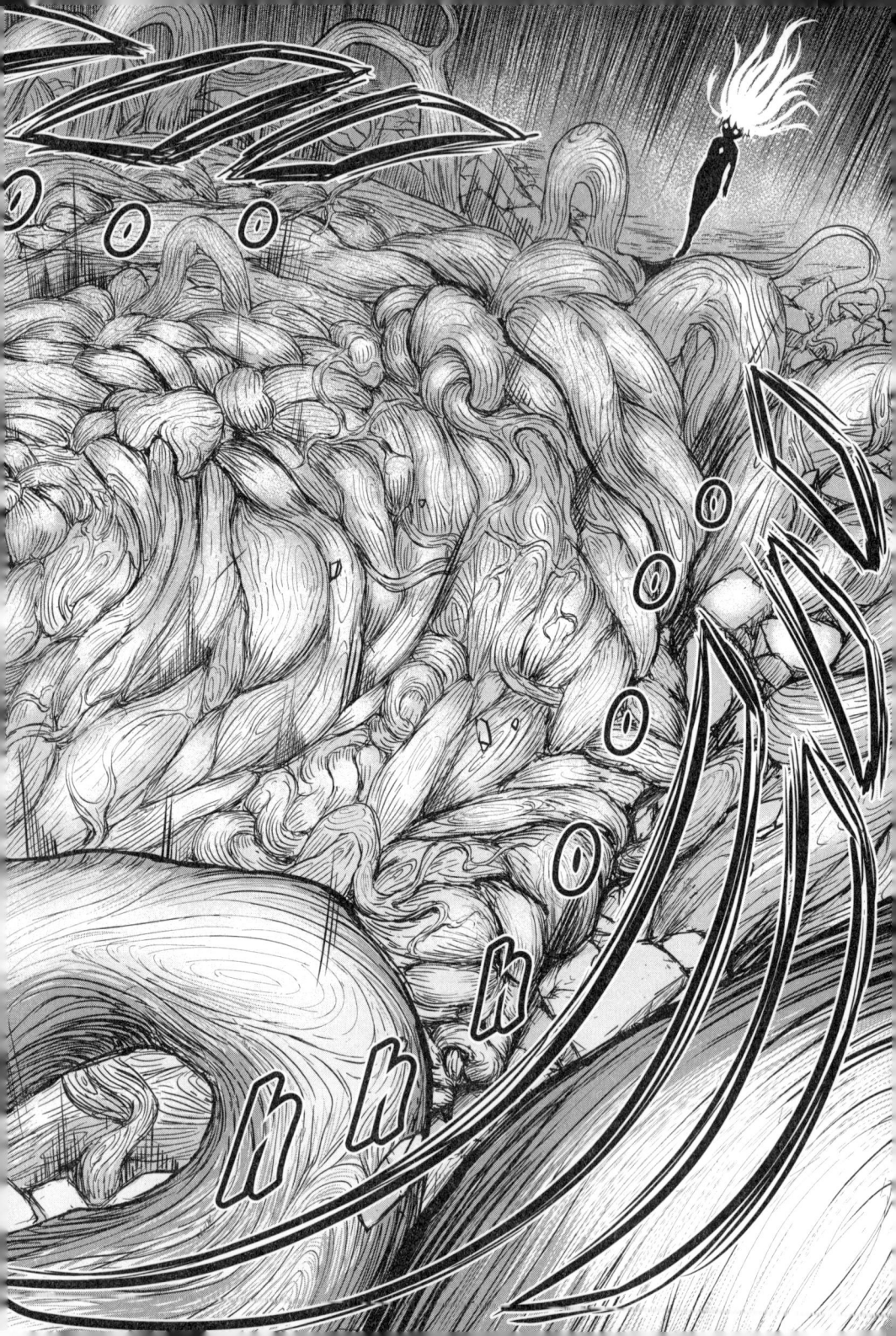

Was ist
das?

Was
passiert
hier?!

Zerr
ズル...

Urgh!

Brrrrab

Dein
Blick
gefällt
mir.

Habe
ich etwa
Angst?!

Ich, als
Angehöriger
des Kaiser-
reichs?!

Gn!

Und diese
Emotion
...

Was ist
das?!

Kapitel 2

Schaaaaa...

Göttin ...?

Genau!

Ich weiß nicht wie, aber offenbar lebe ich, ha ha.

Siruliru, geht's dir gut?!

Na-nu?

Dabei wollte ich doch nur Yukito heilen.

Da hatte ich kurz meine Kräfte nicht im Griff ...

Du bist selber ja voller Blut. Alles okay?

Alles bestens. Nur ... Wie kann das sein?

Ist sie womöglich wirklich ...

... eine Göttin?

Das gibt's doch nicht. Hat sie die Toten wiederbelebt?

Wir haben uns das Kaiserreich zum Feind gemacht.

...o!

...to!

Aber wie lange noch?

Das ist gerade noch mal gut gegangen.

Krah Krah

Yu-kito!

Lässt sich nur hoffen, dass dieses Gör wirklich...

Was machst du für ein langes Gesicht?!

Hust

Prust

Wa...

Bibber

Bibber

?!

Hust Schnaub

Du hast die anderen gerettet!

Du bist ein Held!

Wenn die
noch mal
kommen,
kriegen sie
Dresche!
So ein-
fach ist
das!

Wamm

Bamm

Gut gesagt, Yukito!

HuPPa

Ja-wohl!

So-lange wir die Kraft einer Göttin haben ...

Die kaiser-liche Armee kann uns mal!

Was soll das? Lass mich los!

Poff

Ich bin eine Göttin!

Poff

Poff

Doff

Doff

Doff

Ich will zu Yuki-to!

Erst wenn du dir was ange-zogen hast!

Biuuuu

wusch

Warum umarmst du ihn splitter-faser-nackt?!

Sag mal, in was für einer Bezie-hung stehst du über-haupt zu Yukito?!

Knarz
ガチャ

Hier, die Kleidung.

Ssst
ズル．

Tja ...

Schlängel
Zappel
Ich bin ...
PLOPP
... Yukitos ...
... Göttin!
Zwang
Kann mir endlich mal jemand erklären, was dieses Wort bedeutet?!
Wank
Hm?
Wank
Srrrt
Es bedeutet ...
... dass er und ich ...
... für immer und ewig ...
... zusammen sein werden.
Buhuu

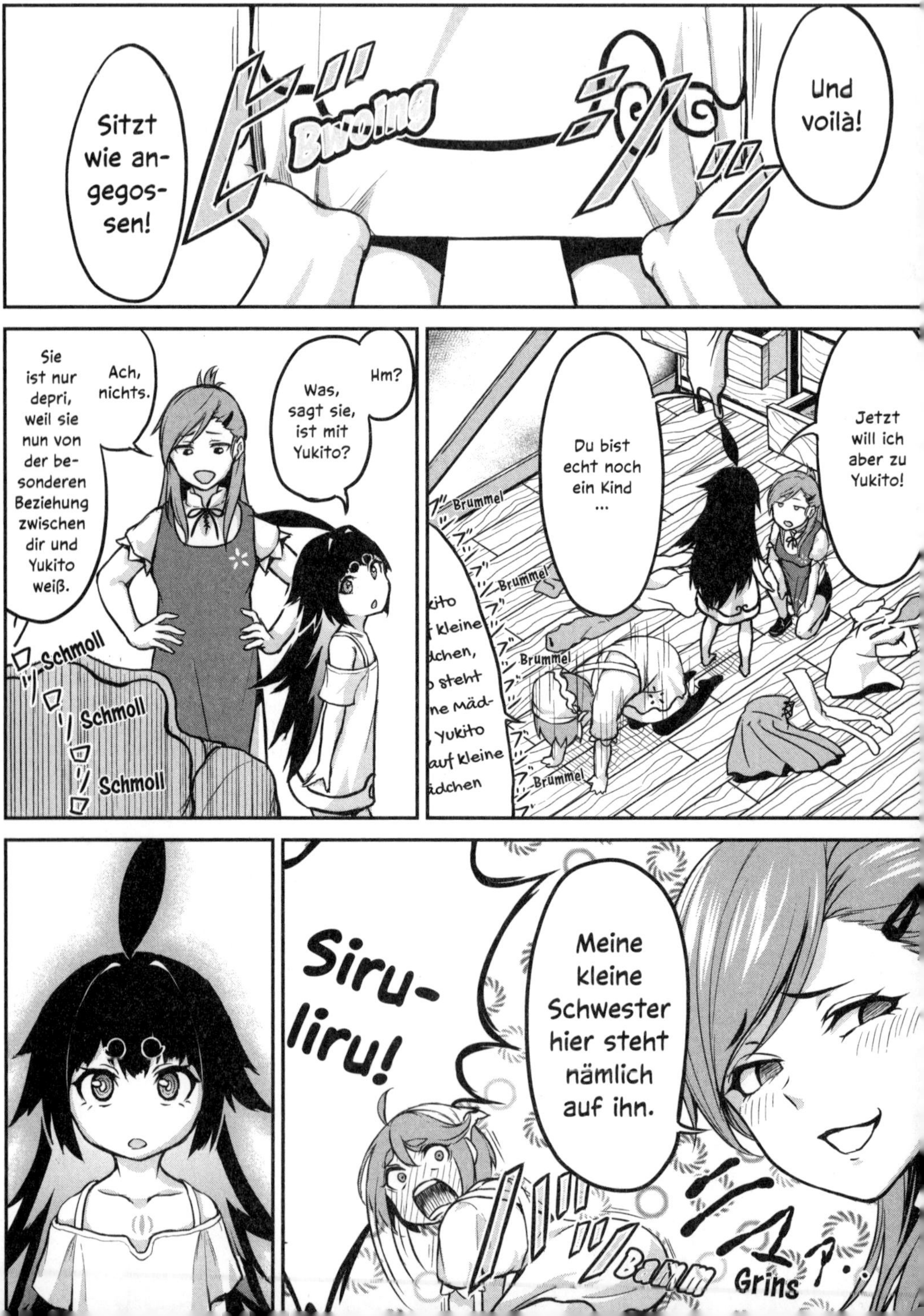

Sitzt wie angegossen!

Bivoing

Und voilà!

Sie ist nur depri, weil sie nun von der besonderen Beziehung zwischen dir und Yukito weiß.

Ach, nichts.

Was, sagt sie, ist mit Yukito?

Hm?

Schmoll

Schmoll

Schmoll

Brummel

Brummel

Brummel

Brummel

Brummel

...kito ...i kleine ...ädchen, ...o steht ...ne Mäd... ...Yukito ...auf kleine ...ädchen

Du bist echt noch ein Kind ...

Jetzt will ich aber zu Yukito.

Siruliru!

Meine kleine Schwester hier steht nämlich auf ihn.

Bamm

Grins

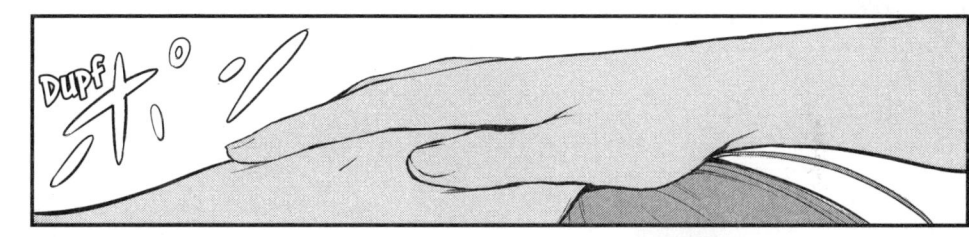

Ist sie jetzt die Mutter, oder was?

Waaaaaah

Aaah

Aber selbstver-ständlich!

Batsch

Sag mal, Klenn ...

Klack
コト!

Krach

ガヤ

Wuhu! ワイ

Diese Typen ...

Yeah! ワイ

ガヤ

Lärm

ガヤ
Krach

Hurraaa!

ウェイ

ウェイ
Yay!

ガヤ
Wusel

ガヤ
Lärm

Woher kommt die plötzliche Neugier?

Kannst du mir mehr über dieses Land erzählen?

Das Exitussystem...

Diese Welt hat mit meiner alten viel weniger gemeinsam als gedacht.

Weil ich einfach viel zu wenig weiß.

Was hat es mit dem Exitussystem auf sich?

Das System, die Kultur, irgendwas...

Na ja, wo soll ich anfangen...?

Ah, verstehe.

Das Exitussystem wurde schon vor Hunderten von Jahren vom Kaiser und dem Kongress beschlossen.

Normale Menschen fürchten den Tod nicht. Wir aber schon, darum werden wir dazu gezwungen.

Bei uns Menschen im Isolierungslager ist das anders. Wir werden getötet, sobald wir eine bestimmte Anzahl überschreiten, unabhängig vom Alter.

Normale Bürger?

... müssen sie auf Befehl des Reiches hin Selbstmord begehen.

Wenn normale Bürger ein bestimmtes Alter erreichen ...

Normal

Tschack

Das stimmt. Ohne Exitussystem könnten die Menschen wohl mehrere Hundert Jahre alt werden.

Dassis dieselbe Person!

Öh?

Der Kaisa von damals is der Kaisa von heude.

Du meinst, vom damaligen Kaiser, oder?

Vom damaligen?

Taumel

Taumel

Sturzbetrunken

Klonk

da da da da da da da da da da

Das zählt hier als normal?

Die Menschen in dieser Welt haben eine hohe Lebenserwartung und keine Angst vorm Tod?

Argh!

Wuum

Yukitooo!

Yukito ...

Wer ist dieses Mädchen?

Aber Mitama, das ist gefährlich, andere Leute so anzuspringen.

Wir haben ihr mal was angezogen.

B B B...

Batsch

Okay, ich bin still.

Sag nichts. Du machst alles nur komplizierter.

...h bin ...kitos ...ött...

Schauder

Was war das, häää?!

Ja?

Wisch

Wisch

Große Mitama, ich hätte da eine Frage.

Ha ha...

Du bist echt das Letzte.

Ich fand ihn noch nie so abstoßend wie heute.

Reib
Reib
Reib
Reib
Reib

Grins

Ich bin die beste und mächtigste Göttin, die es gibt!

Hmm? Na, alle Wunder dieser Welt!

Gefahr
危

Was für Wunder kannst du mit deiner Kraft wahr werden lassen?

Und mono-theistische Götter sind immer all-mächtig.

Die Religion meines Vaters war eine monothe-istische.

Dachte ich's mir!

Ehre Gott & Erde

u o o o o o

Da erzeuge ich eine Flutwelle und weg sind sie! Platsch!

Ein Kinder-spiel!

Und du würdest auch die Armee eines ganzen Lan-des besiegen können, oder?

Aber hier ist er ... mein überpowerter Cheat-Code, der mich allmächtig macht!

Ich habe mich schon gewundert, dass ich in dieser Welt wiedergebo-ren wurde und keine krassen Fähigkeiten habe.

Wusch

Hä?

Die Flutwelle Gottes ...

Das ist der Stoff, aus dem Sagen gedichtet werden.

Hier!

Ich zeig es dir!

ガオオオオオアオオオア

Soll sie kommen, die Armee!

Klasse, Yukito!

Klar doch.

ウェエエイ
Yaaaay!

Alles okay? Du bist plötzlich so blass im Gesicht.

Ha ha ha ... mir ist nur etwas kalt.

Ich nehme kurz ein Bad.

Trott

モグ
モグ "Hrapp
モグ" Hrapp

Gadoooooooong
かぽ〜〜〜〜〜ん

Waaaaaah!

BO

Was soll ich bloß tun ?!

BOMM

Zuck ピク

Zuck ピク

Zuck ピク

Boing

ちゃぽんっ

Wegen mir wird das Dorf ...

Ver-dammter Mist!

Wie fies von dir, mich einfach sitzen zu lassen.
ちゃぽ…
Plitsch
Grapp
Swusch
Splasch
Uwaaah
ぷかー
Wie gehst du mit einer Göttin um?
Sorry, war 'n Reflex.

Was ist los mit dir?

Du bist ganz anders als früher.

Aber du brauchst mir nicht überallhin zu folgen, kapiert?!

Wenn ich nichts unternehme, wird dieses Dorf von der Armee vernichtet. Nur wegen mir!

Ach, es ist nur ...

Ich rede von dir!

Aber ich bin sicher, diese Person hat ihr Bestes gegeben, also sei nicht zu hart zu ihr.

Ha, solche Leute gibt's halt auch.

Und die einzige Person, die mir aus dieser Misere helfen könnte, hat sich als nutzlos erwiesen.

Ach sooo!

Wissen? Welches?

Ich habe aktuell vielleicht keine Kraft, aber ich verfüge über alles Wissen seit Anbeginn des Universums!

Mo... Moment, aber ich bin doch nicht nutzlos!

Hä?!

Flieh!

»Flucht ist nicht gleich Niederlage, sondern ein strategischer Feldzug.«

Ein Mann namens Tan Daoji, ein Experte der Kriegskunst, sagte vor Kurzem:

Hi hi ...

Tan Daoji, chinesischer General, ca. 400 nach Christus

Oh ...

Als ob ich das könnte!

Lass uns fliehen, nur wir beide!

Also!

... will nicht schon wieder einfach davonlaufen.

Aber ich ...

Platsch

Es ist nicht deine Schuld.

Nein, mir tut es leid.

Tut mir leid ...

Depri

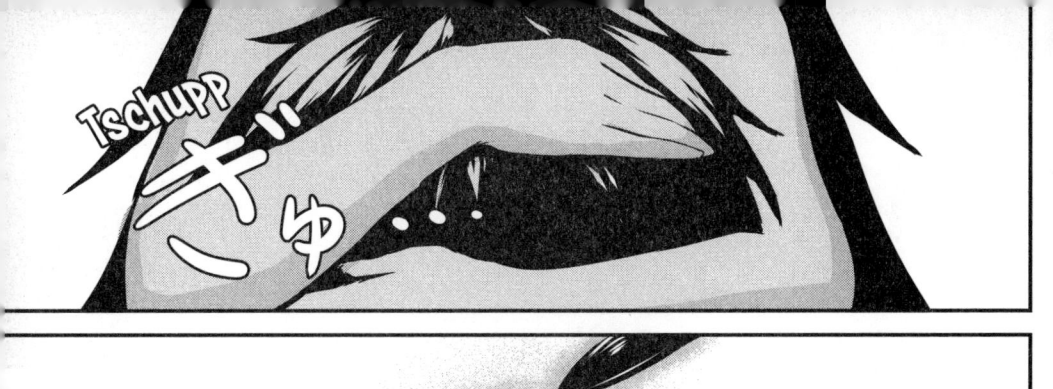

Tschupp

Was ist so schlimm daran zu fliehen?

In dieser Welt mache ich es anders. Ich lasse mir das nicht gefallen!

Umdreh
キン

Splasch

Wenn das so ist ...

Ja.

Und dann wirst du allmäch- tig sein, richtig?

Ja ...

Genau.

Mitama, wenn viele Menschen an dich glauben, erlangst du deine göttliche Macht zurück, richtig?

Bschaaaaaaah

BWuuiii!!!

Hey, hörst du mir zu?!

Roy!

Krrt

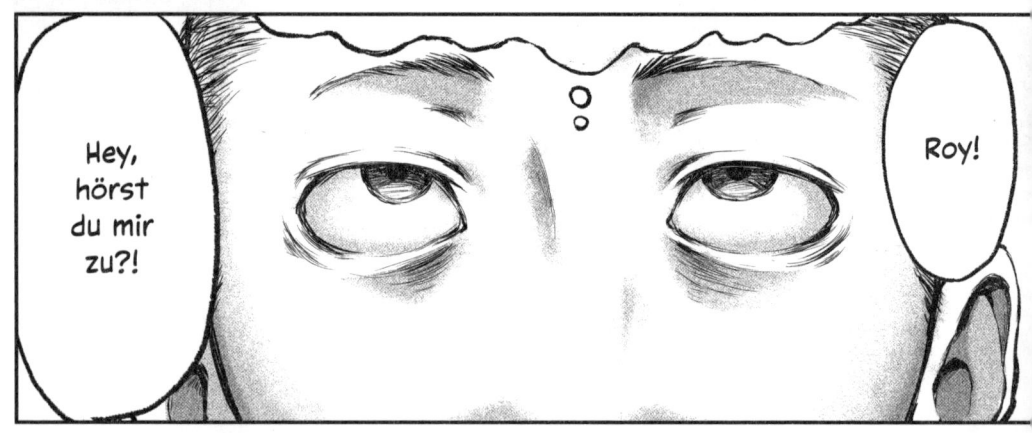

Das sind Menschen, die die allmächtige Mitama als »Göttin« verehren und ihr ihr ganzes Leben lang treu ergeben sind.

Ja.

Hm ...

Gläubige, sagst du ...

Ich bin ein Gläubiger!

Trag mich ein!

Sehr gut.

Anzahl 1 Gläubiger

Yukito scheint irgendwas zu planen.

Warum glaubst du nicht an mich, Yukito?!

Oh Große Mitama!

Nur du gibst uns die Kraft, den ganzen Tag zu arbeiten.

Wie süß du heut wieder aussiehst, Arularu.

7 Uhr

Ich bin heute auch nur wieder dank euch bei guter Laune.

Lächel

Lächel

Ich danke euch vielmals.

Tschiep

Tschiep

Ist die erste Arbeit früh am Morgen getan, kommen sie zum Frühstücken ins Wirtshaus.

Fast alle Bewohner dieses Dorfs arbeiten als Landwirte oder Viehzüchter.

Sssst

Domm

Bwamm

Also
...

Sie sind allesamt sehr aufge-schlossen und überaus freundlich.

Religion
»Errettung
durch Mita-
mas Hand«

Oberster
Religionsführer
mit absoluter
Entscheidungs-
gewalt

**Yukito
Urabe**

Bevor
die Armee
angreift,
sollten wir,
sagen wir
mal, zehn-
tausend
Anhänger
haben.

Ab
heute ver-
breiten wir
die Religion,
die Mitama
als Göttin
anbetet.

Mit so vielen An-
hängern kann ich
die Hauptstadt in
Schutt und Asche
legen, das Meer
teilen oder was
auch immer.

Die eine und
einzige Göttin
der Religion »Erret-
tung durch Mitamas
Hand«

**Die Große
Mitama,
Erhabene
Göttin des
Ewigen
Landes**

Religion
»Errettung
durch Mitamas
Hand«

Vorsitzender
des Missio-
nierungsaus-
schusses

Roy

Die
ganze
Welt
soll er-
fahren
...

...
wie
süß die
Große
Mitama
ist!

So, wie es dein Vater oft gemacht hat!

Vielleicht sollten wir Predigten oder Reden halten!

Oh ja, dieser alte Tyrann hat mir genau eingetrichtert, wie man mit Reden seine Anhänger aufhetzt. Ich musste für ihn die Manuskripte verfassen und ...

Nicht nötig!

... aber aktuell ist sie nichts weiter als die mittellose Hülle eines kleinen Mädchens.

Das Vollbringen von Wundern würde am meisten Gläubige ziehen ...

ぺか――

Öööhm

Auch wenn ich keine Wunder wirken kann, verfüge ich dennoch über die göttliche Weisheit aus mehr als zehn Milliarden Lebensjahren.

...

So was kannst du?

Ich werde die Menschen kraft meiner Worte überzeugen.

Mit dieser Weisheit ...

... werde ich meine Macht demonstrieren.

Wenn ihr nach einem Bei-spiel ver-langt, dann lasst mich euch sagen ...

... da ich so alt bin wie das Univer-sum selbst, weiß ich einfach alles!

Das heißt ...

Fwusch

... dass Yukito als Kind so zu-ckersüß war wie kein an-derer!

Du hattest also auch so eine Phase, was?

Früher war er ziemlich weiner-lich und hat immer nach mir gerufen: »Oh große Mitama!« Er war so niedlich! Aber das ist er natürlich jetzt immer noch.

Plapper Plapper Plapper Plapper Plapper Plapper Plapper Plapper

Groh Groh Groh

Groh Groh

Groh

Du wirst fortan schwei- gen!

Aber dazu fehlt mir derzeit die Kraft.

Anders geht es nicht.

Reden zu halten bringt nichts. Ein Gott muss einfach Wunder vollbringen.

Drollig?!

Ge- rade diese drollige Art ist so süß an ihr.

Mitama hat nichts falsch ge- macht.

Ich über- nehme das.

Von dir erwarte ich gar nichts mehr.

Was soll
das denn
werden?

Sind die jetzt
komplett
irre?

12:30 Uhr

Zwielichtig

Entschlüssle die Tiefen deiner Seele,
erlebe Wunder dank Gottes Führung!

Yukito
scheint
etwas im
Schilde zu
führen,
aber ich
habe keine
Ahnung,
was.

Zumm

Zuck

Ähm ...

Was
macht
ihr
da?

Er hat doch nicht etwa ... bemerkt, was ich für ihn empfinde?!

おおおおおおおお

W...

Woher weißt du das?

Stups モジ

Stups モジ

Aber ich spüre, wie schwer speziell dieser Kummer auf deinem Herzen lastet.

Sicherlich hast du vielerlei Sorgen.

Grins ニヤリ！

Raun ざわ

Raun ざわ

Raun ざわ

Weil die Große Mitama dank ihrer göttlichen Kraft in deine Seele geblickt und es mir kundgetan hat!

Ich habe sie mit dem Barnum-Effekt ausgetrickst.

Das hat nichts mit Mitama oder göttlicher Kraft zu tun.

Wer's glaubt ...

... wird selig.

Barnum-Effekt

Hellseher machen immer vage, allgemeingültige Aussagen, die auf jede Person zutreffen. Menschen neigen dann dazu, Beweise in ihrem Leben zu finden, dass die Prophezeiung stimmt. Ein nützlicher psychologischer Effekt.

Wenn man einer Person das als Ursache für ihr Leiden nennt, ist es ein sicherer Treffer ins Schwarze.

Und das meiste davon hat was mit zwischenmenschlichen Beziehungen zu tun.

Liebe

Arbeit

Es gibt zahlreiches Leid im Leben eines Menschen.

Hä?

... ist ein Kinderspiel!

Oh ja, ich bin großartig, oder? Gedankenlesen ...

Somit werden sie an Mitamas Kraft glauben.

Du bist unzufrieden mit dir, weil du zu viel wiegst!

Die Ursache für dein Leiden ist offensichtlich.

Aru!

D...

Das stimmt nicht!

Schock
ドォ・・・

Und zwar weil deine Brüste zu groß geworden sind!

...kleine Brüste lieber.

Übrigens, Yukito mag...

Hal-tet sie auf!

Irgend-jemand! Gebt mir eine Axt!

Bong

キ゛ュ む

So ein Un-sinn!

Du darfst nicht alles glauben, was sie erzählt!

Brüste ...

Sie sagt, du stehst auf kleine Brüste!

Aber, aber!

Beruhige dich! Willst du wie eine Amazone aussehen?!

Dooch, ich bin dick wie eine Seekuh!

Wusel

Die Arbeit ruft.

Zeit-verschwen-dung ...

Nein ...

Das hat damit nichts zu tun ...

Wusel

Aber wenn sie in die Seele von Menschen blicken kann, kennt sie doch sicherlich deine verborge-nen Vorlieben, oder?

Ich weiß nicht, wie wir jemals Anhänger um sie scharen sollen.

Unsere Göttin ist so eine Dumpfbacke.

16 Uhr

Es wäre einfacher, den Leuten einen Felsen als Gott zu verkaufen. Der plappert wenigstens nicht ungefragt.

Knabber

Knabber

Hm ...

Warum sehen die Dorfbewohner nicht, wie toll ich bin?

Yukito ...

Du verstehst es nicht.

Was?

Auf diese Weise bin auch ich zum Mitamaismus konvertiert.

Um Anhänger zu finden, müssen die Menschen erfahren, wie übermenschlich niedlich die Große Mitama ist.

Das garantiere ich dir!

Ein hübsches Mädchen wie sie bekehrt im Nu alle Männer im Dorf.

Die soll niedlich sein?

Was soll der skeptische Blick?!

Je nach Sinn für Ästhetik ...?

Für mich ist sie einfach nur ein kleines Mädchen, aber für die Menschen in dieser Welt womöglich eine Schönheit?

Du bist widerlich, aber du hast Geschmack!

Na ja, ein bisschen vielleicht ...

18 Uhr

Dann probieren wir es.

! ! !

Eine Göttin zum Anfassen!

MTM48

Debütkonzert & Autogrammstunde

Wir machen einen Star aus ihr.

Komm, reich mir deine Hand vor den Toren des Totenreichs!

Das wahrhaft göttliche Idol: Mitama!

Mitamaaaa!

Uooh!

19 Uhr

Hey ho, Mitama!

Ich bin dein größter Fan!

Du bist mein einziger Fan!

Ach, keine Ahnung. Sie sind niedergeschlagen, weil sie keine »Gläubigen« finden oder so.

Was ist passiert?

Kein einziger Zuschauer ... niemand will mich sehen ...

Es ist hoffnungslos!

Ha ha ... Eine Religion zu gründen ist gar nicht so leicht.

Es war falsch von mir, meinen Drecksvater als elenden Betrüger zu beschimpfen.

Ich glaube an sie!

Ich bin ein wertloser Wurm ...

Eine Schande für alle Götter ...

Arularu ... Hätte Mitama Gläubige unter sich, wäre sie unglaublich stark. Aber so wie dieser Taugenichts hier rumsitzt, glaubst du mir das sowieso nicht.

Doch Fakt ist, sie hat uns gerettet, als wir hingerichtet werden sollten.

Mitama soll eine »Göttin« sein, irgendein besonderes Mädchen.

Ich verstehe nicht viel von dem, was ihr redet.

Hä?

Danke, dass du uns gerettet hast, Mitama!

Äh ...

Wollte sie mit dem Barnum-Effekt täuschen.

Du würdest keine Lügen erzählen, nur um uns zu täuschen.

Aber sie kann derzeit gar nichts ...

Yukito und Mitama gehören ganz klar zu den Guten!

Ich glaube auch an sie!

Ha ha ha!

Grrrp

Vor allem dieser Bertram ist zu gefährlich. Gut möglich, dass er uns töten will.

Mit unserem Widerstand haben wir uns die Armee zum Feind gemacht.

Wenn es so weit kommt ...

... bleibt uns nichts übrig, als zu beten.

Kommt zurück!

Ihr!

FWOOOh

サァァァァァ
S c h a a a a a a -

Da sind sie wieder.

Das ist unsere alte Welt!

Puuh

D...

W... Wo sind wir hier?

Hah...

！

シュウウウゥ
Pfuuuuh...

Schreck

Das ist un- verzeih- lich!

... klei-
nen Mäd-
chen das
Fürch-
ten
lern!

Äh ...

Wer ist das?

Sah der nicht anders aus?

Aber so gefällt er mir besser als vorher.

Zitter

Zitter

Zitter

Tötet miiich!

Dass wir das von dir hören würden ...

Hng!

Kapitel 4 Der schmale Grat zwischen Religion und Ketzerei

Ist jetzt egal. Lauf!

Mist, schon wieder unser Feld!

Nimm es ...

... und besiege die Bestie!

Dies ist das heilige Schwert Kusanagi!

Das Original aus der Meerenge von Kanmon!

Gripp

Waaaah!

Da

da

da

da da

Kjong

...

Riki-i-i-i!!
Biuuuu
Wenn man sich auf dich verlässt, ist man verlassen ...
Domm
Hä, wieso hat es nicht geklappt?!
Domm
Du Hohlbirne! Als würde ein rostiges Schwert vom Meeresgrund was taugen!
Domm
Hä? Aber den Legenden nach soll es megastark sein!
Domm
Weil es blöde Legenden sind!

Ratsch

Äh?

Du hier?

Pascha

Gwiiiii

Tapp.

Hurraaa!

Mit nur einem Angriff!

Toll!

Yay

Er ist ein starker Stein auf meinem Spielbrett.

Sehr gut.

Jetzt sind wir in Sicherheit.

Vielen Dank!

Jubel

Wow, so will ich das von meinen Anhängern sehen!

Öffne das Tor!

Einen Tag zuvor am Haupttor der Kaiserstadt

Tapp

Dass mein Plan so gut aufgeht ...

Das war easy.

... ich schulde dir noch was für deine Hilfe.

Hört mich an!

Was ist das?

?

?

Glaubens... was?

Das sind Menschen, die mich als Göttin vereh...

スッ Sst

Ghn

Wenn ihr unserer Glaubensgemeinschaft beitretet, werden wir und unser Ordensritter eure Felder beschützen!

Eine Art Klub! Und sie hier ist unser Klub-Maskottchen »Göttin«.

Sagen wir, das ist ein lockerer Zusammenschluss von Gleichgesinnten.

Hä?

Hä?!

Es werden immer mehr Gläubige!

Sieh nur, Yuki-to!

107

Darum ist es gut, wenn wir unsere Gemeinschaft anders gestalten.

Es ist schwer, den Menschen hier Begriffe wie »Gott« oder »Religion« zu erklären.

Und wie?

Gut, dass ich nicht weiter auf das Charisma unserer Göttin gebaut habe.

War eigentlich einfach ...

Wie fies!

Lins

ヌゥ…

Gr ai ai ai ai äns

Auch in unserer Welt gibt es so gut wie keine Religion, die allein dank ihrer Lehre oder Begründer groß geworden ist.

Auf der Grundlage von praktischem Nutzen, nicht von Frömmigkeit.

Lug

スッ

Mit solchen alltagsnahen Versprechen haben sich Menschen schon immer am leichtesten bekehren lassen.

... bekommt Arbeit vermittelt und Kredite ausgezahlt.

... ihr erhaltet priorisiert Lebensmittel ...

Als Gläubige behandeln wir euch medizinisch ...

Wenn wir diese Vorteile geschickt einsetzen, kommen die Anhänger quasi von allein.

... sowie Bertrams Stärke.

Wir bieten den Leuten Arus und Sirus Essen ...

Nebenbei hilft deine Kraft den Menschen bei ihren Wehwehchen.

Nebenbei ...

Du bist genial, Yukito!

Aber dass er so einfach zu kriegen ist, hätte ich nicht gedacht.

Als ich sah, dass er sich in eine Frau verwandelt hatte, war mir klar, dass er nicht mehr zurückkann.

Aufhöööreeeeen

Aber dass dieser Ritter beigetreten ist, war echt ein Glücksfall, oder?

Die ganzen Isekai-Novels, die du gelesen hast, haben dir dabei bestimmt geholfen!

So viele habe ich gar nicht gelesen!

Bin doch nicht vor der Realität geflohen...

Ich habe sie lediglich mit meinem Wissen erweitert und an diese Welt angepasst.

Sowohl die traditionellen als auch die neueren Religionen bedienen sich alle dieser Methode.

Wenn die Armee kommt, puste ich sie weg!

Ha / \
ha / \
ha / \
ha / \
ha / \
ha / \
ha / \

Auf jeden Fall spüre ich, wie meine Kraft zurückkehrt!

Wie stark ist die kaiserliche Armee wirklich?

... aber wie viele Anhänger brauchen wir, um uns verteidigen zu können?

Mitama hat das so dahingesagt...

Alles läuft nach Plan.

Gut...

Bertram, du kommst genau...

Ah!

Wank
フラ...

Plätscher
チョロ □□□□

Ja.
»Archon« ist eine Spezialeinheit ...
... die Seiner Kaiserlichen Majestät direkt unterstellt ist.
Sie besteht aus einer kleinen Anzahl auserwählter Elitekämpfer.
Bwusch
Sie besitzen besondere Kräfte, die ihnen von Seiner Majestät verliehen wurden.
B
W
i
i
i
i
Domm
Sind sie stärker als du?
Ich kann ihnen nicht annähernd das Wasser reichen.

Ich kenne nur die Ge- rüchte, aber man sagt ...

... dass jeder einzelne von ihnen stark genug ist, um ganze Berge zu pulveri- sieren.

SCHUPP

Echt jetzt?

Auftrag zur Vernichtung eines Monsters der Alphaklasse abgeschlossen.

Dem Beschluss des Kongresses wurde Folge geleistet.

シューウウウウウウウ
Dji-uuuuuu

サァァァ...
Schaaa

Es folgt ...

Sst

... die Beseitigung des Isolierungslagers, das sich dem Exitussystem ...

... widersetzt.

Die sind anbetungswürdig lecker!

Ich könnte ganze Berge von Arus Keksen pulverisieren ... mit meinen Zähnen!

Berge?

Kannst du ganze Berge pulverisieren?

Sag mal ...

Ja?

Hey, Mitama!

Knarz
ガタァ

Berge wegblasen zu können ist auf jeden Fall eine davon.

Du bist dir meiner Qualitäten als Göttin nicht bewusst.

Pff!

Rückblick: Mitama ist Anhängerin von Arus Backkünsten geworden.

Kapitel 5 Eine fremde Welt an der Schwelle zu einer neuen Ära

Du könntest also einen Berg zerstören?

Klar, wenn ich zehntausend Anhänger habe, ist das ein Kinderspiel!

In Japan gibt es ja zahlreiche Berggötter ...

Doch die sind nichts im Gegensatz zu mir!

Vergiss es.

Die taugt zu nichts.

Ha ha ha ha!

Noch Fragen, mein Jünger?

Dabei hat sie derzeit gerade mal hundert.

Halt einfach still.

Was hast du vor?! Aufhö-ren!

Ich hab doch gesagt, ich will nur kurz gucken.

Wi...

Willst du dich etwa an mir vergreifen?!

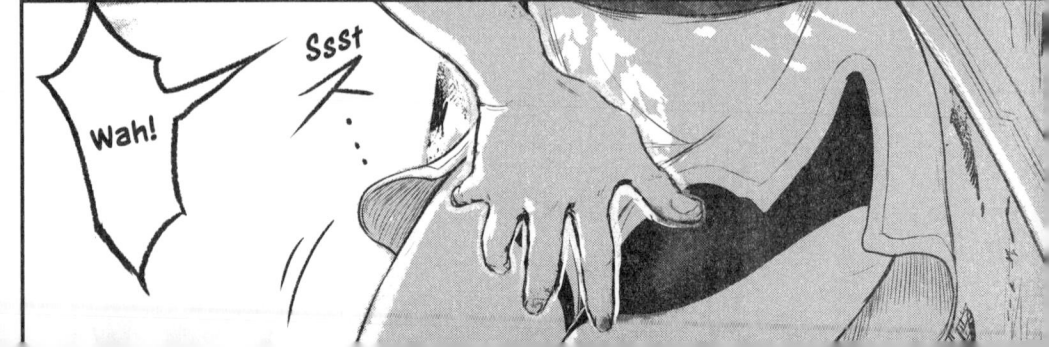

Wah!

Ssst

Das Schwert hätte so ein großes Biest niemals komplett durchtrennen können, egal wie stark du bist.

D... Du hast doch ... ... dieses riesige Monster getötet.

Hm ...

Steckt dahinter irgendein Trick?

Ema- nation ...

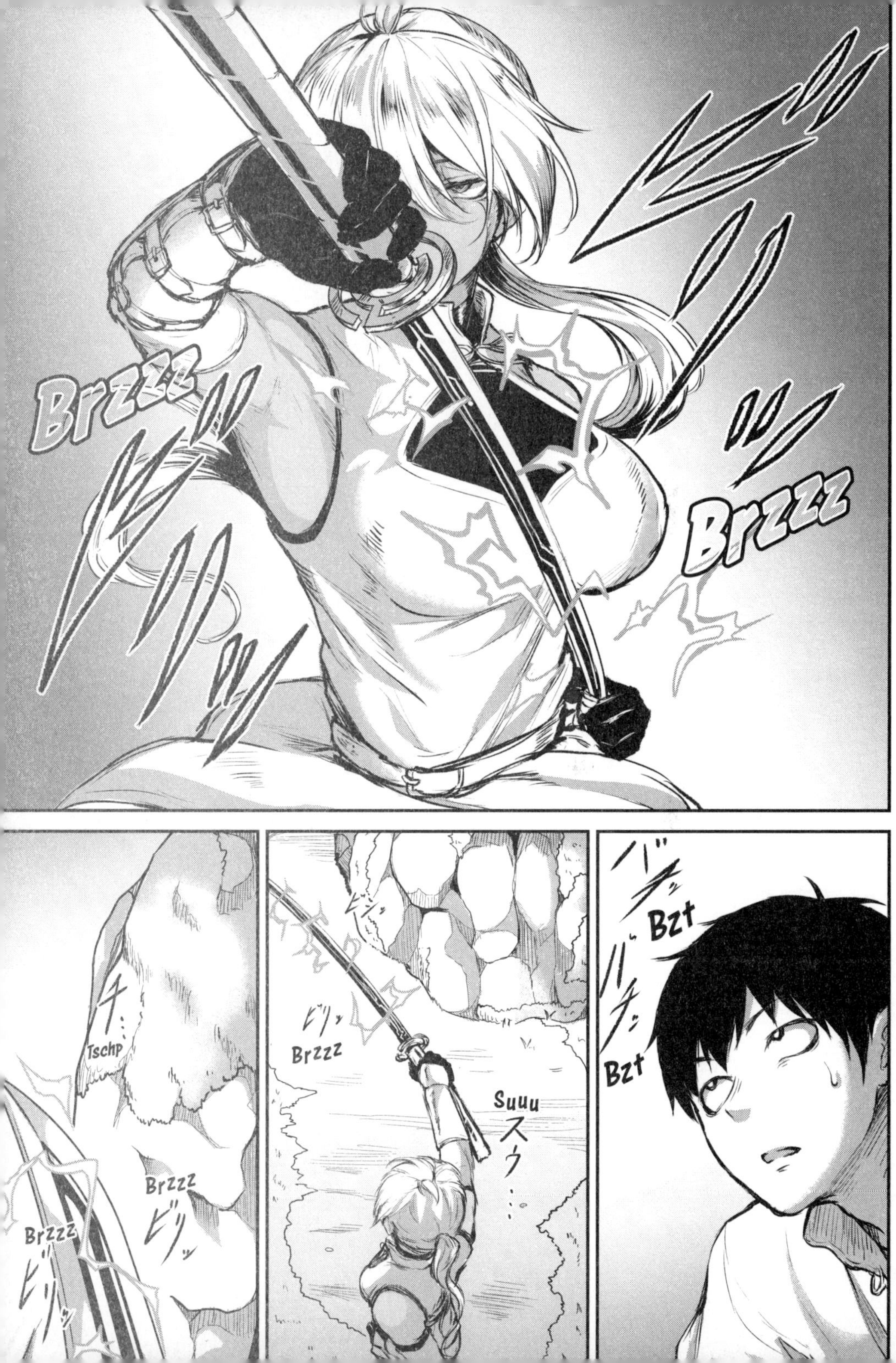
Brzzz
Brzzz
Bzt
Bzt
Brzzz
Suuu
スゥ…
Tschp
Brzzz
Brzzz

Schaaaaa
Wow ...
Es gibt keinen Trick.
Du weißt das Schwert nur nicht richtig zu führen.
Es gibt nichts, was es nicht schneiden könnte.
Und da ist auch keine Magie im Spiel oder so?
Magie?
Egal ...
Wo kann man solche Waffen kaufen ...?
Hätten wir mehr davon, könnten wir uns vielleicht verteidigen.

Die kann man nicht einfach kaufen.

Jeder der Waffen wohnt eine besondere Kraft inne.

Auch die Stärke der Archon-Kämpfer kommt von diesen Waffen.

Jeder Soldat der kaiserlichen Armee, der einen gewissen Rang erlangt, erhält von Seiner Majestät eine Waffe.

Was genau das für eine Kraft ist, weiß allein Seine Majestät.

Nein, das ist unmöglich ...

Tsching
チン

...

... identisch sein mit der der kaiserlichen Waffen ...?

So gesehen könnte die Kraft dieses Mädchens ...

Aber warum haben sie es noch nicht getan?

Ja, die kaiserliche Armee könnte jederzeit angreifen.

... besser gesagt, unser Dorf schwebt in großer Gefahr.

Unsere Glaubensgemeinschaft ...

Wahrscheinlich beobachten sie uns gerade.

Eines Tages ...

... werden sie angreifen. Garantiert.

Eine Maßnahme wäre ...

... vorher mit dem gesamten Dorf umzusiedeln. Was haltet ihr davon?

Das wird nicht funktionieren.

Sie würden unser Vorhaben sofort durchschauen und uns überfallen.

LOVE MITAMA

Jedes von ihnen ist eine Deponie für Menschen, die wie wir vom Reich als Abnormale angesehen werden.

Im ganzen Reich gibt es Lager, die die Außenbereiche abdecken.

Ach, hab dich nicht so!

Während Sitzungen wird nicht getrunken.

Sie ... ... bilden eine Art menschlichen Schutzwall.

Wir können uns doch auf sie verlassen. Hast du selbst gesagt!

Ja, schon ...

Mitama ist doch ein Mensch mit irgendwelchen besonderen Kräften.

Wozu die Sorgen?

WoOoOoOh

Die Ver-
nichtung
des Dorfes
ist doch der
Wille Seiner
Majestät
...

...
und die
Entschei-
dung des
Kongres-
ses.

Wie viele
dieser belang-
losen Aufträge
soll ich noch
erledigen?

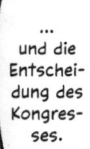

Die können wir nicht einfach ignorieren!

Na jaaa, weißt du ... ... es werden in letzter Zeit so viele große Monster gesichtet.

Ha ha ha! Du beschämst mich, Atar. Ich bin ein treuer Untergebener Seiner Majestät!

...

Loki ...

Kann es sein, dass du Zeit schinden willst? Widersetzt du dich dem Kongress und Seiner Majestät?

Ah!

Es wurde ein weiteres Monster gesichtet!

Würdest du das übernehmen?

Verstanden.

... noch
so jung,
dennoch
berühm-
ter als
ich ...

Elende
Amate-
rasu
...

Na-
nu?

Zehntausend
Anhänger ...
Das schaffen
wir niemals.

Kipp

Ah
...

Ja
...

Yukito,
bist du
wach?

Liegt
dir was auf
dem Herzen?
Willst du mit
deiner großen
Schwester
darüber
reden?

Dafür,
dass du
anderen das
Trinken ver-
bietest, bist
du selber
aber gut
dabei.

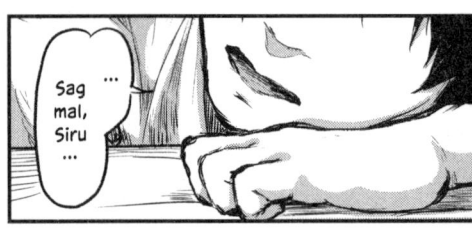

Sag
mal,
Siru
...

Ver-
stehst du,
wie groß
die Gefahr
für unser
Dorf ist?

Du bist
doch Teil
unserer
Familie. Für
mich bist
du wie ein
kleiner
Bruder.

Meinst
du damit
dich?

Hm
...

Gluck

Sie muss ziemlich groß sein. So viel weiß ich.

Ich verstehe nicht alle Zusammenhänge, aber du willst damit unser Dorf vor der Kaiserstadt beschützen, oder?

Darum hast du auch diese Gemeinschaft gegründet und suchst wie verrückt nach Mitgliedern.

...

Ich dachte, Mitama und ich könnten die Gefahr vielleicht abwenden, aber es sieht nicht danach aus.

Na?

Liege ich richtig?

Bist du deshalb so niedergeschlagen?

...

Mach
dir keine
Sorgen.

Rede nicht so schlecht über dich selber.

So viel Hilfe wie von dir hat unser verruchtes Dorf noch nie erfahren.

Diese Worte sind alles, was ich brauche.

Ich danke dir.

Auch wenn ihr das Dorf nicht beschützen könnt, habt ihr bereits mehr als genug getan.

Doch dank dir und Mitama ist meine Schwester noch am Leben.

Aru und ich wären eigentlich schon längst tot.

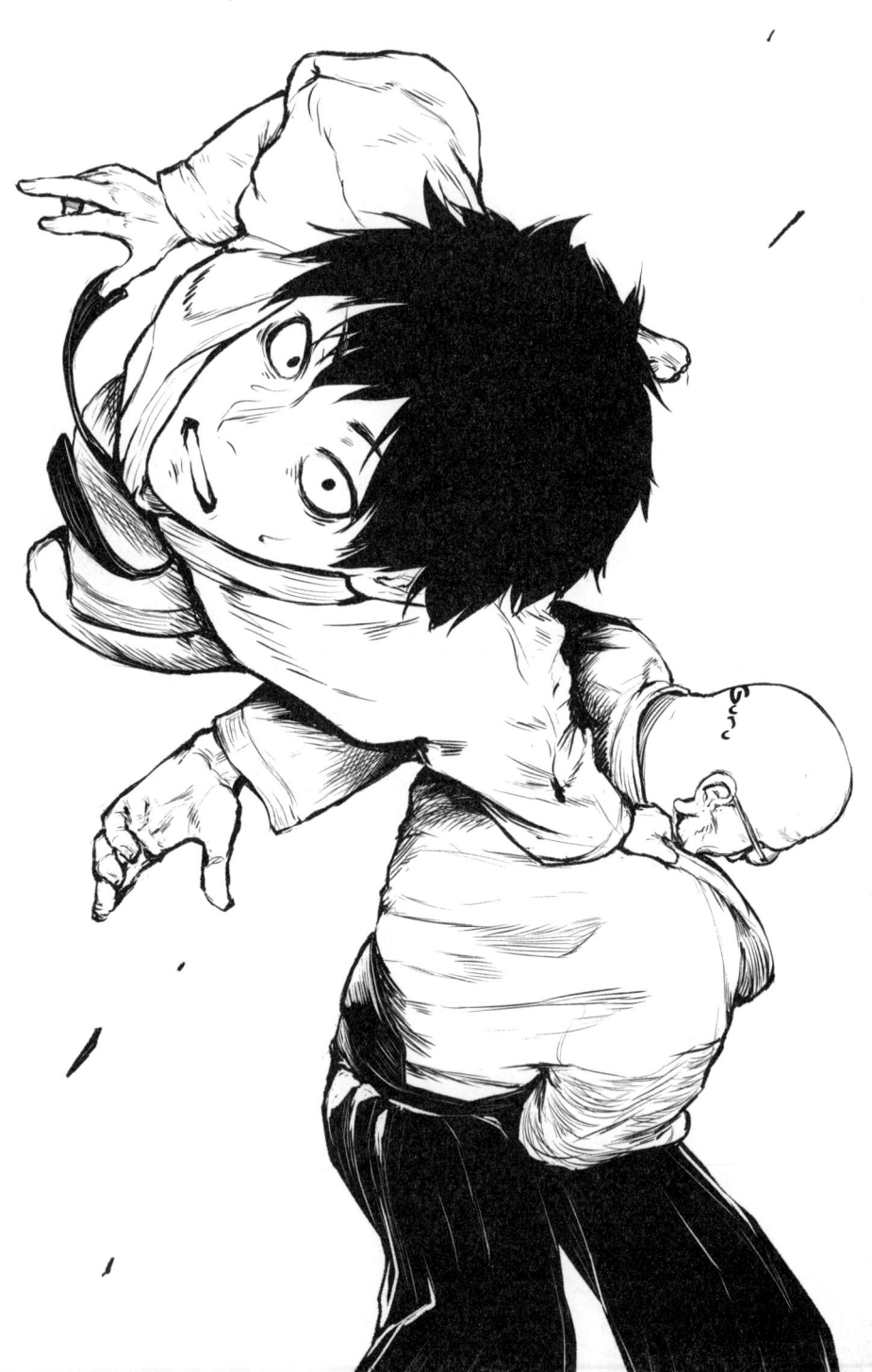

Wamm

Agh!

Fast jeder unserer Gläubigen ist so stark wie ein Profi-Kampfsportler! Und damit ...

Keinen blassen Schimmer ...

Weißt du, wie wir das geschafft haben?

Unsere Glaubensgemeinschaft zählte anfangs nur ein paar Hundert Gläubige, doch mittlerweile sind wir Zehntausende!

Das Gleiche haben wir danach noch dreimal wiederholt.

... konnten wir eine üble Betrügersekte, die sich in einer Kleinstadt breitgemacht hatte, mit reiner Muskelkraft hopsnehmen und all ihre Anhänger kassieren!

Na? So genial wie einfach, was?

Einen Monat später

Hat sie nicht.

Hm ... Hat die Kaiserstadt dieses Dorf vergessen, oder ...

Weit und breit nichts zu sehen.

zumm

?!

womm

...?

Das Geschlecht stimmt nicht überein.

Identitäts-überprüfung.

Enlilta Riesheid Bertram, ehemaliger Anführer der sechsten kaiserlichen Ritterstaffel.

Was macht ein kaiserlicher Ritter als Frau verwandelt in einem Isolierungslager?

W...

Weißt du, wer ich bin?!

Ich verstehe deine Aussage nicht. Alles deutet auf Verrat hin.

Ich bin unwürdig!

Beschimpfe und verschmähe mich, ich habe es verdient!

Hng!

I... Ich bin zum Knecht dieser Glaubensgemeinschaft geworden.

Emanation.

Baaamm

Du elen- der ... Du ge- hörst zu Archon!

Fwusch

Schme

Krrrt

#" Krrrt

#" Krrrt

#" Krrrt

Krrrt

Es muss geklärt werden, was die Ursache für deine Geschlechtsumwandlung ist. Ich nehme dich mit in die Kaiserstadt zurück.

Das werde ich nicht.

Wamm

Argh!

Was ...

... ist das?

?

Tuck ドッ ドッ Tuck ドッ

Tuck ドッ

Tuck ドッ

Und auf manchen reiten Menschen ...?!

シャアアア Baaaaaachhhaaaaa

Solche Monster habe ich noch nie gesehen.

Drrr フォオオ...

MEINE ARBEIT ALS MISSIONAR IN EINER GOTTLOSEN WELT ① Ende

... diesem Lager?

Was geschieht in ...

Nachwort

Hallo, mein Name ist Sonsho Hangetsuban. Vielen Dank, dass ihr euch die Zeit genommen habt, Band 1 von *Mein Leben als Missionar in einer gottlosen Welt* zu lesen. Als ich die E-Mail erhalten habe, in der mir angeboten wurde, mit dieser Mangaserie mein Debüt zu geben, war ich zunächst misstrauisch. Ich weiß noch genau, wie ich ernsthaft dachte: »Das wäre zu schön, um wahr zu sein. Die veräppeln mich doch und wollen nur, dass ich bei irgendeinem seltsamen Video mitmache ...«

Ohne Unterstützung hätte ein Amateur wie ich diesen ersten Band niemals fertigstellen können. Deshalb danke ich meinem Kollegen und Mentor Aoi Akashiro, der für die Story verantwortlich ist, meinen Assistenten sowie allen anderen Beteiligten — und natürlich euch, liebe Leserinnen und Leser — von ganzem Herzen.

Als Zeichen meiner Dankbarkeit werde ich mich in Zukunft noch viel mehr anstrengen. Bitte bleibt der Serie auch weiterhin treu.

Sonsho Hangetsuban

·✠ Vater Soichiro beim »Ritual des Heiligen Schöpfungsgeistes«.

IN EINER GOTTLOSEN WELT

Meine Wiedergeburt als Schleim in einer anderen Welt

Fuse | Taiki Kawakami | Mitz Vah

Satoru Mikami wurde ermordet. Aber statt im Jenseits zu landen, wird er in einer anderen Welt als Schleim wiedergeboren. Verwirrt, aber mit mächtigen Skills ausgerüstet, begibt er sich auf ein wabbliges Abenteuer durch eine Welt voller Goblins, Drachen und Zwerge!

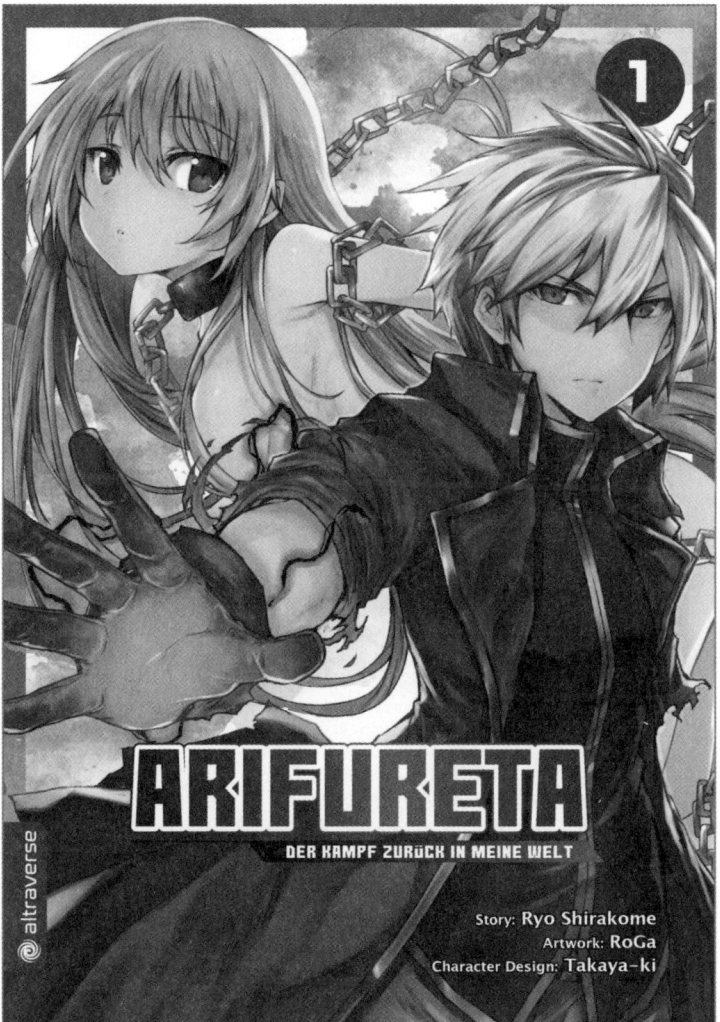

1

ARIFURETA
DER KAMPF ZURÜCK IN MEINE WELT

altraverse

Story: **Ryo Shirakome**
Artwork: **RoGa**
Character Design: **Takaya-ki**

Arifureta — Der Kampf zurück in meine Welt

Ryo Shirakome | RoGa | Takaya-ki

Hajime führt ein wenig aufregendes Leben, doch plötzlich wird seine Klasse in eine andere Welt beschworen, um die Menschheit vor dem Untergang zu bewahren! Während seine Klassenkameraden mit außergewöhnlichen Fähigkeiten ausgestattet werden, wird Hajime nur ein magischer Schmied. Wird er in dieser gefährlichen neuen Welt überleben können?

altraverse

Deutsche Ausgabe / German Edition
Altraverse GmbH – Hamburg 2023
Aus dem Japanischen von Tom Klotzsche

KAMINAKI SEKAI NO KAMISAMA KATSUDOU
© 2020 Aoi Akashiro, Hangetsubansonsyo
Originally published in Japan in 2020 by HERO'S INC. Tokyo.
German translation rights arranged with HERO'S INC.

Redaktion: Anh Tu Nguyen
Herstellung: Vivien Bergau
Lettering: Vibrant Publishing Studio

Druck: CPI books GmbH, Leck
Printed in Germany

ISBN 978-3-7539-0988-2
1. Auflage 2023

www.altraverse.de